Tiburones sarda

Grace Hansen

Abdo
TIBURONES
Kids

abdopublishing.com

Published by Abdo Kids, a division of ABDO, PO Box 398166, Minneapolis, Minnesota 55439.

Copyright © 2017 by Abdo Consulting Group, Inc. International copyrights reserved in all countries. No part of this book may be reproduced in any form without written permission from the publisher.

Printed in the United States of America, North Mankato, Minnesota.

102016

012017

 THIS BOOK CONTAINS
RECYCLED MATERIALS

Spanish Translator: Maria Puchol

Photo Credits: iStock, Minden Pictures, Science Source, Seapics.com, Shutterstock, Thinkstock

Production Contributors: Teddy Borth, Jennie Forsberg, Grace Hansen

Design Contributors: Laura Mitchell, Dorothy Toth

Publisher's Cataloging-in-Publication Data

Names: Hansen, Grace, author.

Title: Tiburones sarda / by Grace Hansen.

Other titles: Bull sharks. Spanish

Description: Minneapolis, MN : Abdo Kids, 2017. | Series: Tiburones | Includes
    bibliographical references and index.

Identifiers: LCCN 2016948016 | ISBN 9781624027093 (lib. bdg.) |
    ISBN 9781624029332 (ebook)

Subjects: LCSH: Bull shark--Juvenile literature. | Spanish language
    materials--Juvenile literature.

Classification: DDC 597.34--dc23

LC record available at http://lccn.loc.gov/2016948016

Contenido

Tiburones sarda

Los tiburones sarda viven en el océano. Prefieren las aguas cálidas y **poco profundas**. Se los encuentra a menudo en zonas de **agua dulce**.

5

Los tiburones sarda tienen el hocico pequeño y redondo. Sus ojos son pequeños.

El cuerpo de los tiburones

sarda es ancho. Estos tiburones

pueden llegar a medir hasta

11 pies (3.4 m) de largo.

Casi todo el cuerpo del tiburón sarda es gris. Tiene la panza blanca. Algunos tienen la punta de las aletas negra.

Estos tiburones nadan lentamente por el fondo del mar, pero pueden ser rápidos. Esto los hace buenos cazadores.

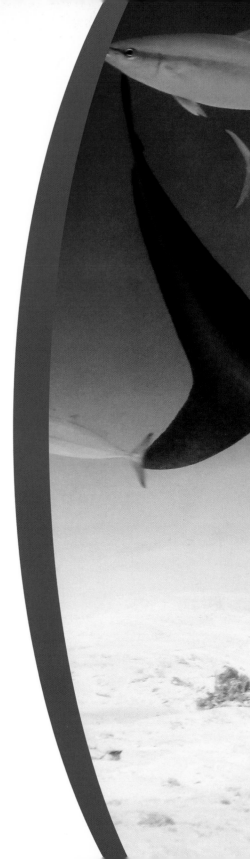

Alimentación y caza

Cazan día y noche.

Normalmente cazan solos, pero

a veces cazan en grupos.

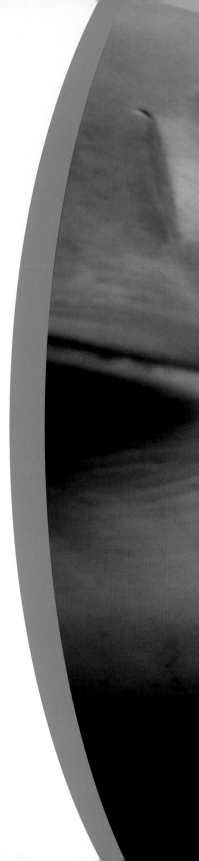

Casi siempre comen peces y pequeños tiburones. También comen cangrejos y camarones, además de otros animales.

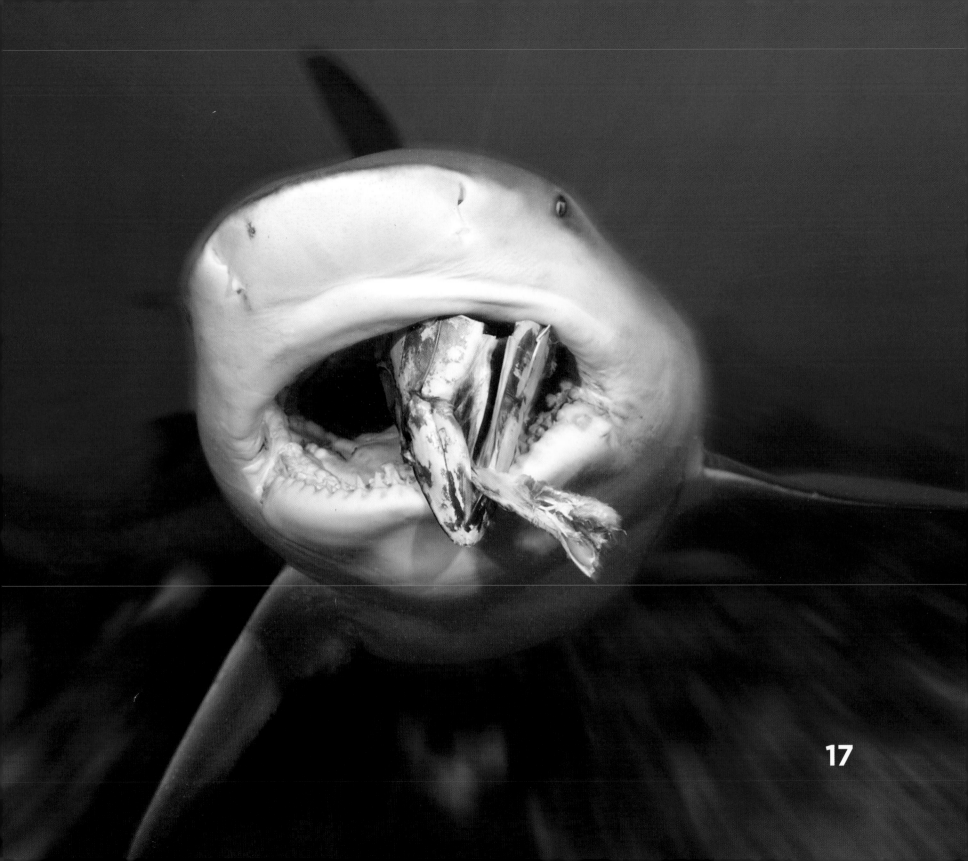

17

Crías de tiburón sarda

Los tiburones recién nacidos se llaman crías. Estos tiburones dan a luz alrededor de 10 crías cada vez.

Las crías normalmente nacen cerca de las costas. Las aguas poco profundas los mantienen a salvo de los grandes depredadores. Las crías se van a aguas más profundas cuando crecen.

Más datos

- Hay 43 especies diferentes de tiburones que pueden vivir tanto en **agua dulce** como en agua salada. El tiburón sarda es una de ellas.

- Normalmente las hembras son más grandes y viven más tiempo que los machos.

- Los machos viven alrededor de 13 años. Las hembras pueden vivir hasta los 17 años.

Glosario

agua dulce – agua que no tiene sal, como la de los lagos, ríos y estanques.

costa – tierra cercana al mar.

depredador – animal que caza y se come a otros animales.

poco profundo – que no es hondo.

Índice

abdokids.com

¡Usa este código para entrar en abdokids.com y tener acceso a juegos, arte, videos y mucho más!

Código Abdo Kids:
SBK1521